ENCYCLOPÉDIE MILITAIRE

VI

DE L'EMPLOI
DES SHRAPNELS
EN CAMPAGNE

PAR

R. VON SICHART

Capitaine au 4e Régiment d'Artillerie de campagne (Magdebourg),
et Professeur à l'École de tir d'Artillerie.

TRADUIT DE L'ALLEMAND

PAR

M. R. COLARD

CAPITAINE D'ARTILLERIE
MEMBRE DE LA COMMISSION D'EXPÉRIENCES DE TARBES

PARIS

CH. TANERA, ÉDITEUR
LIBRAIRIE POUR L'ART MILITAIRE, LES SCIENCES ET LES ARTS
Rue de Savoie, 6

1873

DE L'EMPLOI

DES SHRAPNELS

EN CAMPAGNE

DE L'EMPLOI
DES SHRAPNELS
EN CAMPAGNE

PAR

R. Von SICHART

Capitaine au 4e Régiment d'Artillerie de campagne (Magdebourg),
et Professeur à l'Ecole de tir d'Artillerie.

TRADUIT DE L'ALLEMAND

PAR

M. R. COLARD

CAPITAINE D'ARTILLERIE
MEMBRE DE LA COMMISSION D'EXPÉRIENCES DE TARBES.

PARIS

CH. TANERA, ÉDITEUR

LIBRAIRIE POUR L'ART MILITAIRE, LES SCIENCES ET LES ARTS
Rue de Savoie, 6

1873

AVANT-PROPOS

Le shrapnel doit-il être préféré à l'obus ordinaire? C'est ce que jusqu'ici l'artillerie n'a pu encore décider. Désireux avant tout d'apporter quelques éclaircissements à cette importante question et de provoquer de nouvelles études, nous nous sommes décidé à publier ce travail.

L'utilité des shrapnels dans la guerre de siége est généralement admise, mais combien les opinions diffèrent lorsqu'il s'agit de l'emploi des shrapnels en campagne ! Il faudra, sans doute, attendre une prochaine guerre pour être définitivement fixé à ce sujet.

Les partisans de l'emploi du shrapnel en campagne se fondent sur l'énorme accroissement de puissance qu'il apporterait à l'artillerie. Leurs adversaires reconnaissent sans difficulté la supériorité du shrapnel sur les autres projectiles; seulement ils prétendent que ces terribles effets ne peuvent être obtenus que dans les polygones, parce que le tir des shrapnels, comparé à celui des obus ordinaires, présente des complications et des difficultés très-nombreuses; ils doutent fort qu'on puisse réellement le mettre en pratique, lors même qu'on parviendrait à perfectionner notre fusée, ce que jusqu'ici l'expérience ne semble pas suffisamment promettre.

Chacune de ces deux opinions a certainement sa valeur. Les effets des shrapnels doivent être, d'après la construction même de ce projectile, supérieurs à ceux des obus ordinaires, si l'on admet toutefois que le tir des shrapnels soit convenablement exécuté. Malheureusement, au point où nous en sommes, cette opération est loin d'être simple. De plus un tir d'essai à obus ordinaires est indispensable, et, avant tout, l'observation du point de chute, base de la méthode, ne peut se faire avec une exactitude suffisante.

Il est un fait certain que nous avons pu constater dans maintes occasions, c'est que les magnifiques résultats obtenus par l'artillerie prussienne sont dus bien plutôt à la grande justesse de ses bouches à feu qu'à l'efficacité propre des obus ordinaires. Cette efficacité a été parfois vantée outre mesure : cependant nous avons pleinement raison d'être satisfaits de notre obus ordinaire, car il n'est personne qui n'attribue à ce projectile une part importante des grands succès remportés par les armées allemandes. Le perfectionnement des armes en vue d'augmenter l'efficacité des projectiles fait chaque jour des pas de géant. Nous devons peut-être nous demander si dans une prochaine campagne nous aurons les mêmes motifs d'être satisfaits de nos pièces et de nos obus. En effet, à l'heure où nous écrivons, dans toutes les armées étrangères, tout en profitant de notre expérience, on ne reste pas inactif et l'on cherche au contraire à nous surpasser.

C'est pourquoi nous devons étudier d'une façon toute spéciale le tir du shrapnel; nous devons rechercher le moyen de régulariser les effets de ce projectile qui, dans bien des cas, s'est montré supérieur à l'obus ordinaire, afin d'utiliser cette supériorité dans toutes les circonstances possibles.

Nous sommes convaincu que la solution de cette question n'offre pas de bien grandes difficultés depuis que notre fusée, grâce à l'habileté de ses constructeurs, fonctionne avec tant de régularité et de précision. Nous espérons aussi que notre travail viendra quelque peu en aide à ceux qui voudraient faire de nouvelles recherches sur cet intéressant sujet.

L'AUTEUR.

DE

L'EMPLOI DES SHRAPNELS

EN CAMPAGNE

Dans la dernière guerre, notre artillerie de campagne a su triompher brillamment de tous les obstacles qui lui étaient opposés, tant par la précision que par l'efficacité de son tir. C'est grâce à la perfection à laquelle nous sommes arrivés dans le tir des obus ordinaires que de semblables résultats ont pu être obtenus.

L'introduction des shrapnels dans l'artillerie de campagne devant nécessairement limiter l'emploi des obus ordinaires, il est tout naturel de se poser les questions suivantes :

1° Les shrapnels ont-ils réellement une efficacité supérieure à celle des obus ordinaires ?

2° Comment parviendra-t-on à tirer le meilleur parti possible des shrapnels ?

3° Contre quelles sortes de buts devra-t-on de préférence employer les shrapnels ?

4° Quelle est la méthode la plus simple et la plus rationnelle pour le tir des shrapnels ?

Le but de ce travail est d'apporter quelques éclaircissements à ces questions. Nous prendrons pour point de départ les expériences et observations, malheureusement isolées, qui ont été faites, les unes à l'École de tir d'artillerie dans l'été de 1871, les autres pendant les exercices de tir de la 4ᵉ brigade d'artillerie au mois d'octobre 1871.

I

COMPARAISON RAPIDE DES EFFETS DES SHRAPNELS ET DES OBUS ORDINAIRES.

A l'École de tir d'artillerie, on fit d'abord quatre séries d'expériences avec des obus ordinaires aux distances de 900^m, 1200^m, 1500^m et 2000^m. Le but représentant des troupes d'infanterie était figuré par trois cibles placées les unes derrière les autres (hauteur des cibles 1^m,80 ; largeur 1^m,20 ; écartement 7^m,50). Le relevé du tir donna pour un total d'environ 200 coups un résultat moyen de 10 empreintes par coup. On tira ensuite à six reprises différentes, aux mêmes distances et toujours avec des obus ordinaires, contre un but représentant de l'artillerie, et l'on obtint, pour un total d'environ 300 coups, un résultat moyen de 2 à 3 empreintes par coup.

On répéta les mêmes expériences avec des shrapnels, d'abord quatre fois contre les mêmes cibles représentant des troupes d'infanterie, sans cependant descendre à des distances inférieures à 1500^m. Sur 144 coups on obtint un résultat moyen de 20 empreintes par coup. Contre les cibles d'artillerie on tira à deux reprises, et sur 72 coups on eut, en moyenne, 12 empreintes par coup.

On tira, en outre, deux séries de coups avec des shrapnels

contre des troupes d'infanterie abritées (dans le polygone) ; sur 72 coups, la moyenne fut de 10 empreintes par coup.

Dans ces expériences le shrapnel se montra donc, en général, deux fois supérieur aux obus ordinaires dans le tir contre l'infanterie, et 5 ou 6 fois dans le tir contre l'artillerie.

Il est bon de faire remarquer ici qu'à l'École de tir on n'avait pas encore arrêté les tables de tir des shrapnels ; qu'au contraire, on faisait encore de nombreuses expériences dans le but d'étudier l'influence des hauteurs d'éclatement et des intervalles (1) sur l'efficacité de ce projectile. D'un autre côté, les résultats obtenus avec les obus ordinaires (10 empreintes par coup) sont de beaucoup supérieurs à ceux que l'on obtiendrait dans les conditions habituelles, parce que les pièces étaient servies aussi bien que possible par des sous-officiers très-exercés. Ainsi donc, dans les expériences précédentes, toutes les circonstances étaient en faveur des obus ordinaires et au détriment des shrapnels.

Pendant les exercices à feu de la 4ᵉ brigade on exécuta aussi le tir des shrapnels. On avait alors des tables de tir exactes, et de plus on employait la méthode de tir qui sera décrite plus loin. Par suite, les résultats obtenus surpassèrent de beaucoup les précédents.

Chaque batterie tira 16 shrapnels contre des cibles représentant des troupes d'infanterie à des distances comprises entre 900ᵐ et 1400ᵐ. On obtint les résultats suivants :

1ʳᵉ Batterie légère. 35 empreintes. 17 files atteintes pʳ coup.
2ᵉ — 17 — 11 —
3ᵉ — 64 — 24 —

(1) L'intervalle est la distance horizontale du point d'éclatement à la cible.

4ᵉ Batterie légère.	45 empreintes.	20 files atteintes pʳ coup.
5ᵉ —	54 —	19 —
6ᵉ —	64 —	22 —
1ʳᵉ Batterie à cheval.	32 —	14 —
2ᵉ —	49 —	23 —
3ᵉ —	17 —	13 —
1ʳᵉ Batterie lourde.	23 —	13 —
2ᵉ —	30 —	15 —
3ᵉ —	76 —	25 —
4ᵉ —	56 —	22 —
5ᵉ —	55 —	22 —

En moyenne, pour un total de 224 coups, on obtint 44 empreintes et 19 files atteintes par coup.

Les 3ᵉ et 4ᵉ batteries légères et la 3ᵉ batterie lourde exécutèrent le tir direct avec les shrapnels seuls d'après le procédé dont nous parlerons plus loin.

Contre l'artillerie on ne fit tirer qu'une batterie et seulement à titre d'essai : on obtint 15 empreintes par coup.

Le tir des obus ordinaires contre l'infanterie se fit dans des conditions qui ne permettent pas de comparer les résultats qu'il donna avec les précédents, ce tir ayant été exécuté contre des troupes représentées par une seule cible. Contre l'artillerie avec des obus ordinaires, on obtint une moyenne de 1 1/2 empreinte par coup.

En admettant même comme terme de comparaison pour l'obus ordinaire la moyenne très-forcée de 10 empreintes par coup obtenues dans les expériences précédentes, le shrapnel tiré contre l'infanterie donne encore 4 ou 5 fois plus d'empreintes que l'obus ordinaire et contre l'artillerie 10 fois plus.

Nous pouvons conclure de ces expériences que la supériorité du shrapnel sur l'obus ordinaire est énorme, et cependant remarquons, par anticipation, que le tir ne fut exécuté ni à l'intervalle normal, ni à la hauteur d'éclatement normale; chacun des coups, qui, en général, donnait lieu à un intervalle *positif* et par suite éclatait en avant du but, produisait plus ou moins d'effet suivant la grandeur de cet intervalle.

En mars 1872 on exécuta à l'École de tir d'artillerie un tir comparatif avec des shrapnels et des obus ordinaires. Ces expériences présentent un intérêt particulier; c'est pourquoi nous allons en faire un compte rendu succinct.

On tira 4 séries de coups contre l'artillerie (à découvert et retranchée) et 6 séries de coups contre l'infanterie (à découvert et déployée en tirailleurs), en pointant à dessein de 100^m ou 200^m court. Chaque batterie tira d'abord contre le but qu'elle avait à battre environ 12 obus ordinaires pour régler son tir, puis 36 obus ordinaires, et enfin, à la même distance, 36 shrapnels. Les empreintes produites dans les cibles par les obus d'essai se trouvent nécessairement comprises dans le résultat total, de sorte que, dans quelques séries, la moyenne trouvée pour les obus ordinaires est presque de 25 p. 100 trop considérable.

On a pris pour terme de comparaison des effets de chacun des deux projectiles le rapport des nombres d'empreintes obtenues sur les cibles dans les deux cas.

A. TIR CONTRE L'ARTILLERIE

1re *Série*. — ARTILLERIE A DÉCOUVERT EN PLAINE

Calibre des pièces, 8 centim. — Distance trouvée, 1300^m.
a. Obus ordinaire. — 1,6 empreintes par coup.
(6 hommes, 24 chevaux atteints; aucune pièce démontée.)

b. Shrapnel. — 6 empreintes par coup.

> (19 hommes, 27 chevaux atteints; une pièce démontée par un shrapnel arrivé au but sans éclater.)

Intervalle moyen, 95^m; hauteur moyenne d'éclatement, $5^m,60$.

> Rapport du nombre d'empreintes obtenues sur les cibles dans le tir des obus ordinaires au nombre d'empreintes obtenues dans le tir des shrapnels, 1 : 3, 7.

2e *Série.* — ARTILLERIE A DÉCOUVERT SUR UNE HAUTEUR

Calibre des pièces, 9 centim. — Distance trouvée, 1550^m.
a. Obus ordinaires. — 15 empreintes par coup.

> (7 hommes, 15 chevaux atteints; aucune pièce démontée.)

b. Shrapnel, — 10,2 empreintes par coup.

> (20 hommes, 25 chevaux atteints; un avant-train démonté.)

Intervalle moyen, 30^m; hauteur moyenne d'éclatement, 4^m.

> Rapport : 1 : 6, 8.

3e *Série.* — ARTILLERIE RETRANCHEE SUR UNE HAUTEUR

Calibre des pièces, 8 centim. — Distance trouvée, 1950^m.
a. Obus ordinaires. — 1,8 empreintes par coup.

> (8 hommes, 18 chevaux atteints; aucune pièce démontée.)

b. Shrapnel. — 2 empreintes par coup.

> (6 hommes, 22 chevaux atteints.)

L'intervalle moyen fut négatif, 12^m; hauteur moyenne d'éclatement, 5^m; 6 coups seulement donnèrent lieu à des intervalles positifs et produisirent les résultats ci-dessus.

> Rapport : 1 : 1, 1.

4e *Série*. — ARTILLERIE RETRANCHÉE EN PLAINE

Calibre des pièces, 9 centim. — Distance, 1450^m (60^m trop courte).

    a. Obus ordinaire. — 0,9 empreintes par coup.

      (1 servant, 4 chevaux atteints; aucune pièce démontée).

    b. Shrapnel. — 4,9 empreintes par coup.

      (14 hommes, 25 chevaux atteints).

Intervalle moyen, 120^m; hauteur moyenne d'éclatement, 3^m.

    Rapport : 1 : 5, 4.

RÉSUMÉ.

Artillerie à découvert : rapport, 1 : 5, 2.
     —   retranchée : rapport, 1 : 3, 3.

          Rapport final, 1 : 4, 2.

B. TIR CONTRE L'INFANTERIE

5e *Série*. — INFANTERIE NON ABRITÉE EN PLAINE

Calibre des pièces, 9 centim. —Distance trouvée, 1650^m.

    a. Obus ordinaire. — 11 empreintes par coup.

    b. Shrapnel. — 21 empreintes par coup.

Intervalle moyen, 94^m ; hauteur moyenne d'éclatement, 5^m.

    Rapport : 1 : 2.

6e *Série*. — INFANTERIE ABRITÉE PAR LES OBSTACLES NATURELS DU TERRAIN

62 tirailleurs, 2 soutiens à 6 files chacun, et une réserve à 18 files.

Calibre des pièces, 9 centim. — Distance trouvée, 900^m.

a. Obus ordinaire. — 2 empreintes par coup.

(48 files ou tirailleurs atteints.)

b. Shrapnel. — 4,5 empreintes par coup.

(65 files ou tirailleurs atteints).

Intervalle, 52^m. — Hauteur d'éclatement, 4^m.

Rapport : 1 : 2, 2.

7e *Série.* — LISIÈRE D'UNE FORÊT OCCUPÉE PAR DES TIRAILLEURS, DEUX SOUTIENS ET UNE RÉSERVE, CETTE DERNIÈRE A 150^m EN ARRIÈRE DES TIRAILLEURS.

Calibre des pièces, 8 centim. — Distance trouvée, 1100^m.

a. Obus ordinaire. — 1/2 empreinte par coup.

(7 tirailleurs atteints, aucun éclat dans la réserve.)

b. Shrapnel. — 2,9 empreintes par coup.
Intervalle, 60^m. — Hauteur d'éclatement, 3^m.

(21 tirailleurs atteints ainsi que 12 files dans la réserve avec 210^m d'intervalle.)

Rapport : 1 : 6.

8e *Série.* — INFANTERIE NON ABRITÉE, TIR TROP COURT DE 100 MÈTRES

Calibre des pièces, 9 centim. — Distance trouvée, 1650^m.

a. Obus ordinaire. — 0,4 empreintes par coup.

b. Shrapnel. — 4,5 empreintes par coup.
Intervalle, 150^m.

Rapport : 1 : 11.

**9ᵉ *Série*. — INFANTERIE NON ABRITÉE, TIR TROP COURT DE
200 MÈTRES**

Calibre des pièces, 9 centim. — Distance trouvée, 1650ᵐ.
a. Obus ordinaire. — 0,8 empreintes par coup.

(Plus exactement, 0,2.)

b. Shrapnel. — 1,8 empreintes par coup.
Intervalle, 200ᵐ.

> Dans la moyenne de 0,8 pour les obus ordinaires on a compris
> des empreintes produites par deux des obus d'essai qui écla-
> tèrent immédiatement en avant des cibles; les autres coups
> étant 200ᵐ courts ne donnèrent que quelques éclats dans
> les cibles (au plus 0,2 par coup).

> Rapport : 1 : 2, 2 (plus exactement, 1 : 9).

10ᵉ *Série*. — INFANTERIE ABRITÉE DANS UNE REDOUTE

40 tirailleurs, 2 soutiens, 1 réserve.
Calibre des pièces, 8 centim. — Distance trouvée, 1550ᵐ.
a. Obus ordinaire. — 0,2 empreintes par coup.

> (8 files atteintes dans la réserve, aucune dans les soutiens, au-
> cun tirailleur).

b. Shrapnel. — 6 empreintes par coup.

> (Toutes les files de la réserve (18), 9 files des soutiens et 14 ti-
> railleurs atteints.)

Intervalle, 5ᵐ. — Hauteur d'éclatement, 2ᵐ,50.

> Rapport : 1 : 30.

RÉSUMÉ.

a. Infanterie non abritée (distance exacte), rapport : 1 : 2.
b.   —   (distance trop courte), rapport : 1 : 7.
  (Plus exactement : 1 : 10.)
c. Infanterie abritée . . . . Rapport : 1 : 13
————————
Rapport final. . 1 : 7 ou 8

Ces expériences comparatives font ressortir clairement l'immense supériorité des shrapnels. Cependant le tir d'essai des obus ordinaires fut presque toujours excellent, tandis que pour les shrapnels les intervalles furent, à plusieurs reprises, notablement trop considérables. Dans un cas même, il y eut un intervalle moyen *négatif*.

Si les résultats obtenus dans les expériences de Magdebourg sont de beaucoup supérieurs à ces derniers, cela tient sans aucun doute à ce qu'à Magdebourg on a employé la nouvelle méthode de tir, que nous exposerons plus loin.

II

MOYENS A EMPLOYER POUR TIRER LE MEILLEUR PARTI POSSIBLE DES SHRAPNELS

Grâce aux perfectionnements apportés récemment à notre fusée, une voie nouvelle est ouverte aux recherches sur le tir des shrapnels. Nos fusées fonctionnent maintenant avec une grande régularité; les différences dans les durées de combustion d'une même longueur de matière fusante sont tellement petites que l'influence qu'elles peuvent exercer sur les écarts en intervalle est tout à fait négligeable. Les écarts en intervalle qui se produisent dans le tir des shrapnels, et qui se produiront toujours avec les pièces et la poudre actuellement en usage, tiennent aux écarts balistiques en portée des projectiles.

Les deux causes principales de l'écart en portée des projectiles sont les suivantes :

1° Différences dans les vitesses initiales provenant des tensions inégales des gaz de la poudre, des poids inégaux des projectiles et de la charge, du plus ou moins d'espace vide laissé au fond de l'âme, des positions différentes occupées par les charges, du degré d'encrassement de l'âme, etc. ;

2° Différences dans les angles de mire provenant d'un

défaut de pointage, de la non-concordance de la hausse et de l'angle de mire, etc.

Ces deux causes sont celles qui influent surtout sur l'écart en portée des projectiles; les vacillations de l'axe de rotation, les différences dans la résistance de l'air, les différences dans les pertes de vitesse pour des projectiles de poids inégaux, etc., n'ont qu'une influence très-secondaire.

Il résulte de là que les différences, soit dans les vitesses initiales, soit dans les angles de mire, sont les causes principales des écarts du point d'éclatement des shrapnels, soit en intervalle, soit en hauteur.

La plus grande différence qui se produit dans la durée de combustion de notre fusée, brûlant au repos, est de 0,05 seconde. Supposons que le shrapnel possède encore une vitesse de 300^m aux environs du point d'éclatement, le plus grand écart qui pourra provenir de l'irrégularité de combustion de notre fusée sera de 15^m, soit 7^m ou 8^m en deçà et au-delà du point moyen d'éclatement, en admettant toutefois que toutes les fusées s'enflamment dans l'âme au même instant et de la même manière, comme cela a lieu au moment du choc pour nos fusées percutantes.

Les différences dans les vitesses initiales produisent nécessairement des différences dans les vitesses et les durées du trajet des projectiles en un point de leurs trajectoires, situé à la même distance. Deux shrapnels, dont les fusées ayant la même durée de combustion, sont réglées de la même manière, et qui sortent de la pièce sous le même angle de mire, éclatent sensiblement à la même hauteur, mais non à la même distance. Dans ce cas, la position du point d'éclatement dépend de l'écart balistique en portée de chacun des projectiles, écart qui n'est dû qu'à la différence des vitesses initiales, puisqu'on suppose que l'angle de mire ne varie pas. Chaque projectile vient alors éclater à la même distance du point où sa trajectoire prolongée irait rencontrer le sol.

On a mesuré les vitesses initiales de nos canons de campagne, avec l'appareil Le Boulengé, en ayant soin, dans ces expériences, d'employer des projectiles et des charges identiques, et de tirer toujours avec la même pièce. Les différences obtenues ont été de 5^m à 6^m. Dans la pratique, où l'on ne prend pas les mêmes précautions, et où l'on tire nécessairement avec plusieurs pièces, il faut admettre une différence de 8 à 10^m, différence qui, dans aucun cas, ne sera certainement trop forte. Deux projectiles qui, après une seconde de durée de trajet, auront 10^m d'écart, en auront 20^m après 2^s, et 50^m après 5^s; ainsi deux shrapnels se trouvant dans ces conditions et réglés pour une durée de 5^s, éclateront à 50^m de distance l'un de l'autre.

Puisqu'il arrive souvent que pour 5^s de durée de trajet les différences dans les intervalles sont plus grandes que 50^m, il faut nécessairement aussi que les différences dans les vitesses initiales soient quelquefois plus grandes que 10^m.

Des différences dans les angles de mire donnent lieu à des trajectoires plus ou moins élevées, et par conséquent, pour une même vitesse initiale, à des hauteurs d'éclatement plus ou moins grandes.

Deux shrapnels, munis de fusées identiques, sortant de la bouche à feu avec des vitesses initiales également identiques, éclateront à la même distance, mais non à la même hauteur. Dans ce cas, la hauteur du point d'éclatement dépend de l'écart balistique en hauteur de chacun des projectiles, écart qui n'est dû qu'à la différence des angles de mire, puisque la vitesse initiale ne varie pas.

Il résulte de là que, dans le tir des shrapnels, les écarts du point d'éclatement en intervalle sont dus surtout aux variations de la vitesse initiale, et les écarts en hauteur aux variations de l'angle de mire.

Si un shrapnel, dont l'intervalle *normal* est de 60^m, et la hauteur *normale* d'éclatement de 4^m, pour la distance de 1000^m, éclate à 30^m d'intervalle et à 2^m de hauteur, on peut en conclure que, bien que la trajectoire prolongée rencontre le but, on a tiré ce shrapnel avec une vitesse initiale trop grande, qui lui a fait parcourir 30^m en plus et sous un angle de mire trop petit, ce qui a abaissé le point d'éclatement de 2^m.

Des inégalités dans les durées de combustion des fusées influent à la fois sur l'intervalle et la hauteur d'éclatement en les rendant tous deux en même temps, ou plus grands, ou plus petits.

On peut conclure de ces observations :

1° Que les écarts en intervalle, dans le tir des shrapnels, doivent être, toutes choses égales d'ailleurs, plus faibles que les écarts en portée, si l'on admet que ces projectiles continuent leurs trajectoires jusqu'au point de chute sans éclater, car les différences dans les angles de mire, qui exercent une influence notable sur l'écart en portée, n'en ont aucune sur l'écart en intervalle des shrapnels ;

2° Que pour une même distance de tir, les écarts du point d'éclatement en hauteur doivent être plus faibles que ne le seraient les écarts balistiques en hauteur de ces mêmes projectiles. En effet, soient *f* une trajectoire normale, *o* le point normal d'éclatement ; soit, de plus, *a b* l'écart balistique en hauteur à la distance où éclate le projectile : *m* représente alors la trajectoire correspondant à la vitesse initiale et à l'angle de mire ensemble maximum, et *n* la trajectoire correspondant à la vitesse initiale et à l'angle de mire ensemble minimum. Si l'on admet une même durée de fusée pour les projectiles parcourant chacune de ces trois trajectoires, il arrivera que, sur la trajectoire *m* correspondant à la plus grande vitesse initiale, le point d'éclatement sera en avant du point *o*, en *c* par exemple, tandis que sur la trajectoire *n* correspondant à la plus petite vitesse initiale, il sera en arrière, en *d* par exemple.

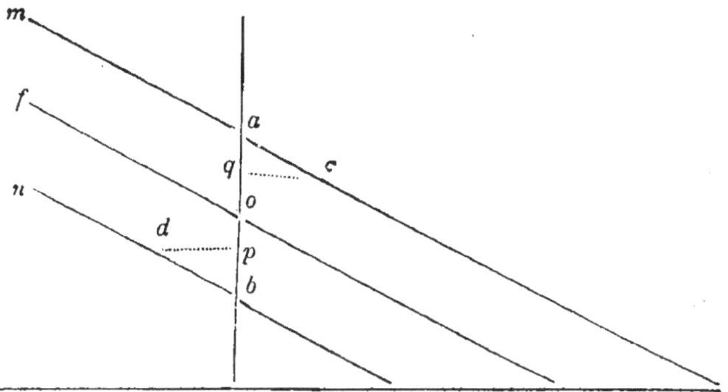

La différence de hauteur *p q* de ces deux points représente l'écart en hauteur du point d'éclatement; il est donc plus petit que l'écart balistique en hauteur *a b*. De plus $dp + qc$ représente l'écart en intervalle du point d'éclatement.

Ainsi, les deux causes principales des écarts des projectiles produisent, dans le tir des shrapnels, des effets qui tendent à se neutraliser, au lieu de s'ajouter, comme dans le tir des obus ordinaires.

En vertu de cette remarque, on pourra facilement, lorsqu'on sera familiarisé avec cette sorte de projectile et que sa supériorité sera bien reconnue, établir une méthode d'observation des écarts qui permettra de faire à la hausse des corrections beaucoup plus précises que dans le tir des obus ordinaires. Il est toutefois de la plus grande importance que les fusées ne subissent aucune altération ou dans tous les cas que cette altération soit telle que les durées de combustion restent proportionnelles. A cette occasion, remarquons que les influences extérieures de température, d'humidité, etc., auxquelles sont exposées les charges et les fusées, n'agissent pas dans le même sens, mais bien en sens contraire sur chacune d'elles. Une charge humide diminue la portée ; une fusée humide a une durée de combustion plus grande et par suite augmente la distance à laquelle éclate le projectile. Supposons que ce cas ou tout autre semblable se présente : le rapport primitif existant entre les éléments du tir des shrapnels, la hausse et la durée de la fusée se trouve alors modifié d'une façon quelconque. En pareille circonstance l'observation bien entendue des hauteurs d'éclatement nous offre un excellent moyen de remédier après quelques coups aux perturbations qui se sont produites dans les éléments du tir. Par la comparaison de la hauteur du but (qui la plupart du temps est connue), à la hauteur d'un objet quelconque se détachant parfaitement en arrière du but, il est facile de déterminer au-dessus du but la position apparente du point normal d'éclatement pour la distance à laquelle on tire. Si alors on observe que le projectile éclate trop haut, trop bas ou même après avoir touché le sol, il suffira, tout en conservant la même durée de fusée, d'abaisser ou d'élever la trajectoire par une modification de la hausse (simplement au moyen de la vis de pointage) jusqu'à ce que le shrapnel paraisse éclater au point que l'on a fixé d'avance.

On arrivera à ce résultat après quelques coups, et alors la différence entre la distance qui correspond à la nouvelle hausse et celle qui correspond à la hausse primitive représentera justement la correction constante qu'il faudra faire subir à la durée de la fusée pour rétablir un rapport exact entre les éléments du tir (1). Ce procédé doit être préféré à celui qui consisterait à faire varier la durée de la fusée sans rien changer à la hausse jusqu'à ce qu'on obtînt la hauteur normale d'éclatement, bien que naturellement ce dernier dût conduire au même résultat.

Il est indispensable pour l'exactitude du tir que la hausse et la durée conservent toujours entre elles le même rapport. Lorsque, pour une distance déterminée, un shrapnel éclate à la hauteur normale correspondant à cette distance, on peut être sûr que les éléments du tir, hausse et durée, sont en concordance parfaite; une modification dans l'un de ces éléments sans une modification analogue dans l'autre amène nécessairement quelques perturbations dans le tir.

Jusqu'ici l'expérience a prouvé qu'à toutes les distances l'écart en intervalle du point d'éclatement, pour des durées de fusées identiques, était tel que 50 0/0 de ces points d'éclatement étaient compris dans une bande indéfinie dans le

(1) Supposons, par exemple, que l'on soit à 1000^m environ du but. Pour cette distance, l'intervalle normal sera de 60^m et la hauteur normale d'éclatement de 4^m. La fusée sera donc réglée pour donner l'éclatement à 1000-60 ou 940^m et l'on tirera avec la hausse de 1000^m en visant le pied du but. Admettons que la fusée donne l'éclatement à une hauteur que l'on jugera plus grande que 4^m en la comparant aux dimensions du but. Alors on diminuera la hausse jusqu'à ce qu'on obtienne la hauteur normale de 4^m; soit 925^m, par exemple, la distance qui correspond à la nouvelle hausse. On peut admettre que l'intervalle correspondant pour 925^m à la hauteur de 4^m sera peu différent de 60^m. La distance du point d'éclatement au tireur sera donc de 925-60 ou 865^m au lieu de 940^m, point où l'on avait fixé la graduation de la fusée, soit un écart dans cette graduation de 75^m, différence qu'il s'agissait de trouver et dont il faudra tenir compte pour le réglage ultérieur de l'échelle des temps.

sens perpendiculaire à la ligne de tir et d'environ 30^m de largeur. Par suite, 80 0/0 des points d'éclatements seront compris dans une bande de 60^m et 100 0/0, c'est-à-dire la totalité
de ces points, dans une bande de 120^m de largeur. Si l'on
partage cette bande de 120^m en 4 autres de 30^m, la plus
rapprochée et la plus éloignée de la cible contiendront chacune 10 0/0 des points d'éclatements; les deux intermédiaires
chacune 40 0/0. On a adopté la distance de 60^m pour l'intervalle *normal*, car à cette distance et contre la plupart
des buts les éclats et les balles ont une dispersion suffisante.

Examinons maintenant l'effet d'un shrapnel tiré avec la
hausse de 1000^m et éclatant dans les conditions normales,
c'est-à-dire à 60^m d'intervalle et à 4^m de hauteur. L'angle
du cône formé par la gerbe d'éclats est d'environ 20°; l'axe
de ce cône est l'arc de trajectoire que nous supposerons rencontrer le but en son milieu. Il résulte de là que la génératrice inférieure fait avec l'horizontale passant par le point
d'éclatement un angle de 10° plus l'angle de chute, c'est-à-
dire de 13° à 14°; par suite, les premières balles ou éclats
viendront rencontrer le sol 40^m en avant du but. Quant à la
génératrice supérieure, elle fait avec la même horizontale un
angle de 10° moins l'angle de chute, c'est-à-dire de 6° à 7°;
les éclats qui suivront cette génératrice viendront rencontrer le but ou passeront au-dessus suivant la hauteur de ce
but; de même à droite et à gauche les génératrices
extrêmes du cône rencontreront ou non le but, selon qu'il sera
plus ou moins large.

La théorie et l'observation prouvent clairement que les
éclats sont plus clair-semés dans la partie centrale qu'à la
surface du cône (effet produit par la rotation du projectile
et la charge d'éclatement); par suite, il suffit que l'angle de
ce cône central qui ne contient presque pas d'éclats soit

seulement de 2° pour qu'un but de hauteur moyenne (2^m) soit tout entier compris dans cet espace et par suite reçoive fort peu d'éclats ou de balles.

La presque totalité des éclats rencontrera le sol en avant du but ou passera par dessus.

De nombreuses observations ont été faites sur le tir normal des shrapnels avec nos deux canons de campagne. Ces observations ont donné lieu, lorsque les éclats rencontraient un sol convenable (sol sablonneux), aux remarques suivantes :

1° On observait, bientôt après l'éclatement du projectile, quelques nuages de poussière isolés, puis un gros nuage produit par une certaine quantité d'éclats frappant le sol au même endroit ; ce dernier toujours en avant du but, enfin un grand nombre de nuages isolés répartis sur une longeur de plusieurs centaines de mètres.

Les éclats qui frappent le sol en avant du but proviennent évidemment de la partie inférieure du cône, et ceux qui tombent au delà proviennent de la partie supérieure de ce cône.

2° Connaissant par des observations exactes les hauteurs d'éclatement et les distances au but des points de chute de ces groupes compacts d'éclats, on peut calculer l'angle sous lequel ces éclats ont quitté la trajectoire. On arrive dans tous les cas à une valeur d'environ 4° à 6° pour cet angle. D'où il semble résulter que ce n'est pas seulement dans la partie centrale, mais aussi vers l'extérieur du cône formé par la gerbe, que les éclats sont plus clair-semés ; entre ces deux zones se trouve une partie intermédiaire comprise entre deux surfaces coniques dont les génératrices font avec la trajectoire du projectile au point d'éclatement des angles de 4° et 6° environ : cette partie intermédiaire à laquelle nous donnerons le nom de cône *dense* contient la presque totalité des éclats et des balles.

Les génératrices inférieures du cône dense font, par conséquent, avec l'horizontale du point d'éclatement, un angle de 4° à 6° plus l'angle de chute, c'est-à-dire pour une distance *moyenne* (1000ᵐ) un angle de 8° à 9°; les éclats de la partie inférieure du cône dense sont donc répartis sur un espace relativement petit en avant du but. Au contraire, les génératrices supérieures font avec la même horizontale un angle de 4° à 6°, moins l'angle de chute; par conséquent, elles sont presque horizontales : les éclats de la partie supérieure du cône dense ont donc, au départ, des trajectoires à peu près horizontales, mais ils se dispersent ensuite sur une assez grande longueur.

Pour les petites distances où le projectile possède encore au point d'éclatement une grande vitesse, l'angle du cône formé par la gerbe d'éclat et par suite celui du cône dense est plus petit qu'aux grandes distances, où la vitesse est moindre et où, par conséquent, la charge d'éclatement produit plus d'effet, en évasant l'angle du cône de dispersion. Toutefois, l'éclatement des shrapnels ne se fait pas d'une façon régulière ; il se produit aussi presque à chaque coup des changements dans la position du projectile lui-même et par suite des différences dans la position de l'axe de rotation, de sorte que l'axe du cône de dispersion et celui du cône central, où les éclats sont clair-semés, ne coïncident pas toujours exactement avec l'arc de trajectoire au point d'éclatement : d'où il résulte évidemment des variations dans l'angle du cône dense.

Pour obtenir le plus grand effet possible, il semblerait naturel de rapprocher suffisamment le point d'éclatement du but pour que la gerbe d'éclats pût l'atteindre avant la séparation complète des groupes d'éclats supérieurs et inférieurs ; l'expérience et l'observation ont montré que, dans ce cas, l'intervalle devrait être au plus de 20ᵐ ; mais cet intervalle donnerait pour la plupart des buts une trop faible dispersion des éclats. D'ailleurs, nous avons vu plus haut que l'intervalle de 60ᵐ était, en général, nécessaire pour obtenir une dispersion convenable. Cependant, si alors la trajectoire prolongée du projectile rencontre le but, il en résulte un inconvénient grave. Les éclats compris dans le cône dense se séparent ; ceux de la partie inférieure viennent rencontrer le sol en avant du but, ceux de la partie supérieure passent au dessus, tandis que le but lui-même se trouve compris dans la partie centrale où les éclats sont clair-semés.

Partie inférieure du cône. — Il est évident que pour l'intervalle normal de 60ᵐ, on obtiendra le plus grand effet possible si l'on fait en sorte que les génératrices inférieures du cône dense rencontrent le but. On arrivera facilement à ce résultat en conservant la durée de la fusée tout en élevant la trajectoire et par suite le point d'éclatement. A 1000ᵐ, en admettant que le demi-angle du cône dense soit d'environ 6°, il faudrait élever le point d'éclatement de 2ᵐ. Examinons les résultats que donne dans ce cas la pratique :

Si, en raison de l'écart en portée, l'intervalle devient plus petit seulement de 10ᵐ à 20ᵐ, tous les éclats passent par-dessus le but ; si, au contraire, cet intervalle devient plus grand, ils rencontrent le sol en avant du but. Dans ces deux cas, peu ou point d'effet produit ; de plus, avec cette hauteur *surélevée* du point d'éclatement, les éclats de la partie supérieure du cône ne peuvent avoir aucune action. D'où l'on peut conclure que, puisqu'aux grandes distances il est à peu près impossible d'obtenir à chaque coup l'intervalle normal de 60^m, ce procédé est impraticable en campagne.

Partie supérieure du cône. — Etudions maintenant la partie supérieure du cône dense. Pour que la génératrice supérieure de ce cône vienne rencontrer le but, il faut, si l'on conserve la durée de la fusée, abaisser le point d'éclatement ; cet abaissement doit être de 2^m pour la distance moyenne de 1000^m.

Les éclats de la partie supérieure étant moins groupés que ceux de la partie inférieure, l'effet produit par ces éclats sera peut-être moins grand. Mais si l'intervalle devient plus petit, l'effet produit augmente toujours, car alors, pour les intervalles plus faibles que 30^m, tous les éclats de la partie inférieure viennent rencontrer le but et par suite ajouter leurs effets à ceux de la partie supérieure. Si, au contraire, l'intervalle augmente, l'effet produit diminue, mais ne devient jamais complétement nul comme pour la partie inférieure, car les éclats supérieurs ayant des trajectoires presque horizontales au départ ont, par conséquent, plus de chances d'atteindre la cible. L'abaissement du point d'éclatement entraîne naturellement celui de la trajectoire qui, prolongée, irait alors rencontrer le sol en avant du but.

Supposons, à la distance de 1000^m par exemple, un but de 2^m de haut ; si pour la hauteur normale d'éclatement la trajectoire du projectile rencontre le but à 1^m environ, il faudra, pour obtenir la hauteur *surbaissée* de 2^m, infléchir la trajectoire de façon qu'elle aille rencontrer le sol à 15^m en avant du but. S'il se produit alors une variation dans l'angle de mire qui abaisse encore de plus de 2^m le point d'éclatement, le projectile rencontrera le sol avant d'éclater et ne produira la plupart du temps aucun effet. Nous avons vu plus haut que l'écart en hauteur du point d'éclatement doit être plus petit que l'écart balistique en hauteur du projectile ; par conséquent on peut fixer comme limite de cet écart le chiffre de 4^m, et ce chiffre sera rarement dépassé (aux grandes distances).

L'expérience et l'observation prouvent que dans aucun cas les coups qui donnent lieu à un écart en hauteur du point d'éclatement plus grand que 4^m ne dépassent 12 0/0 et aux grandes distances 20 0/0. Par conséquent, la moitié au plus, c'est-à-dire 10 0/0 des projectiles, s'écarte de plus de 2^m au-dessous du point moyen d'éclatement (hauteur 2^m) et vient rencontrer le sol avant d'éclater.

Plus de 90 0/0 des coups, pour cette position surbaissée du point d'éclatement, produisent donc plus ou moins d'effet, tandis que, pour la hauteur surélevée, il y a à peine 40 0/0 de coups bons ou médiocres.

Partie centrale du cône. — Supposons actuellement que le point d'éclatement soit à la hauteur normale. Les coups éclatant aux intervalles de 0^m à 30^m, dont la proportion est de 10 0/0, seront en partie très-bons, en partie très-médiocres ou mauvais (intervalles de 0^m à 10^m) ; pour les intervalles de 30^m à 60^m il y a 40 0/0 de coups bons, pour ceux de 60^m à 90^m 40 0/0 des coups médiocres, enfin pour ceux de 90^m à 120^m 10 0/0 de coups très-médiocres.

En résumé la hauteur *surélevée* donne environ 40 0/0 de coups bons et même très-bons et 60 0/0 de coups médiocres ou mauvais ; la hauteur *surbaissée*, 40 0/0 de coups très-bons, 50 0/0 de bons et au plus 10 0/0 de mauvais ; enfin la hauteur *normale,* 10 0/0 de coups très-bons, 40 0/0 de bons, 40 0/0 de médiocres et 10 0/0 de très-médiocres. On ne se trompera pas beaucoup en attribuant à chacun des tirs correspondant à ces trois hauteurs, hauteur surélevée, hauteur normale, hauteur surbaissée, par ordre d'énumération, 40 0/0, 60 0/0 et 80 0/0 de bons coups, ou bien en les classant d'après les coefficients de mérite suivants : tir surélevé 2, tir normal 3, tir surbaissé 4.

Les rapports sur le tir des shrapnels exécuté pendant les exercices à feu à Magdebourg renferment des résultats fort intéressants qui jettent quelque lumière sur ce que nous venons de dire.

Nous donnons à la page suivante les résultats de quelques tirs remarquables en faisant observer que la plupart des batteries ont exécuté le tir surbaissé.

En campagne, où rarement on peut apprécier bien exactement la distance du but, toutes les circonstances favorisent le tir surbaissé. Si la distance estimée est trop grande, la fusée a une durée trop longue ; par suite, quand l'intervalle ne devient pas négatif, dans le tir surélevé et le tir normal les éclats passent la plupart du temps au-dessus du but, tandis que, dans le tir surbaissé, la partie inférieure du cône tout entière vient rencontrer le but. Si la distance estimée est, au contraire, trop faible, la fusée a une durée trop courte, et par suite dans le tir surélevé et le tir normal l'effet produit est souvent complétement nul, tandis que dans le tir surbaissé la partie supérieure du cône vient encore rencontrer le but même quand le tir est trop court de 200^m.

HAUTEUR NORMALE			HAUTEUR SURBAISSÉE		
1. TIR A L'INTERVALLE NORMAL					
INTERVALLES.	HAUTEURS d'éclatement.	NOMBRES des files atteintes.	INTERVALLES.	HAUTEURS d'éclatement.	NOMBRES des files atteintes.
50^m	4^m	25	60^m	2^m	27
55	4	30	50	2	30
60	4	20	65	2	24
60	4	26	50	1	20
60	5	19	50	2	34
2. TIR A INTERVALLES TROP PETITS					
40^m	4^m	17	40^m	3^m	44
20	4	12	30	2	32
35	4	24	35	2	36
35	5	15	25	2	42
40	4	26	10	2	35
30	4	30	20	1	30
45	6	0	20	0	29
3. TIR A INTERVALLES TROP GRANDS					
100^m	4^m	11	90^m	1^m	40
75	4	13	95	2	31
80	4	22	75	1	31
85	4	18	80	2	24
120 [1]	5	33	85	2	23
120 [1]	4	24	85	3	21
150 [1]	7	15	100	2	27

(1) Effet produit par la partie supérieure du cône.

CONCLUSION

On peut conclure de là que, si l'on veut obtenir le plus grand effet possible, il faut de préférence employer le tir surbaissé, car les écarts en intervalle, provenant en grande partie d'uue appréciation inexacte des distances, n'ont pas une grande influence sur les effets de ce tir, tandis que ces écarts diminuent notablement les résultats fournis par le tir normal ou le tir surélevé.

MODE D'OBSERVATION

Le temps n'est pas éloigné où dans la guerre de campagne on emploiera presque exclusivement le tir surbaissé. Or, dans toutes espèces de tir, les résultats obtenus dépendent surtout de l'exactitude des observations. Le tir remarquable de notre artillerie dans la dernière guerre est certainement dû aux perfectionnements apportés à l'observation, perfectionnements auxquels n'ont pas peu contribué les Ecoles de tir. Le tir des shrapnels exige plus que tout autre des observations exactes. Si donc on n'arrive pas à trouver pour ce tir une méthode d'observation aussi précise que pour celui des obus ordinaires, il est douteux qu'on puisse l'employer en campagne. Les procédés en usage jusqu'à ce jour ne permettent que l'observation des hauteurs d'éclatement et ne donnent aucun renseignement sur les intervalles ; l'observation de ces intervalles est tout à fait incertaine, souvent même impossible. Il est toujours fort difficile d'apercevoir les points de chute des éclats ; bien plus, cette méthode donne la plupart du temps de fausses indications : ainsi, dans certains cas, où les résultats sont excellents, les éclats tombant sur un sol particulier, il peut arriver qu'on ne puisse pas déterminer leurs points de chute et que par suite on soit entraîné à corriger le tir.

Le seul procédé qui offre quelques garanties est celui qui consiste à observer la position par rapport au but du nuage de fumée qui se produit au moment de l'éclatement du projectile. La hauteur surélevée ne permet jamais cette observation ; la hauteur normale ne donne des résultats un peu exacts que jusqu'à 500ᵐ. Au contraire, la hauteur surbaissée permet de constater, sans difficulté, par l'observation du nuage de fumée qui, dans ce cas, apparaît, à peu près à la hauteur du but, si l'éclatement a lieu en deçà ou au-delà du but, c'est-à-dire si l'intervalle est positif ou négatif, ce qui est le point important pour la batterie qui tire. *Cette propriété du tir surbaissé de rendre toujours possible l'observation de l'intervalle a une telle importance que, même dût-on perdre quelque chose en efficacité, on devra toujours donner la préférence à ce genre de tir.*

Même contre un but fixe, comme une batterie d'artillerie, le tir de *contrôle* des shrapnels en faisant varier la durée de la fusée semble complétement impraticable : pourtant il est nécessaire, si l'on veut connaître la hauteur normale. Le tir surbaissé offre par lui-même des moyens de contrôle. On ne voit pas trop comment il serait possible d'exécuter un tir normal contre des troupes qui s'avanceraient et d'obtenir avec certitude un intervalle positif, si on ne voulait pas s'en tenir aux très-grands intervalles, auquel cas on n'obtiendrait que des effets à peu près nuls. Au contraire, le tir surbaissé contre ces mêmes troupes permet de constater l'instant où l'intervalle devient négatif et par conséquent de faire les corrections nécessaires pour envelopper l'ennemi dans la gerbe d'éclats, puis de tirer ainsi jusqu'au moment où la fumée paraît de nouveau au-delà du but et où, par conséquent, l'intervalle est redevenu négatif.

Le tir comparatif, dont nous avons donné plus haut les résultats, nous offre un exemple qui prouve clairement la supériorité du tir surbaissé sur les deux autres. Le tir de la troisième série eut lieu contre l'artillerie à 1950^m; cette distance avait été exactement déterminée, car, dans le tir d'essai, une moitié des obus qui n'atteignirent pas la batterie, tomba en deçà et l'autre au-delà du but. Dans le tir des shrapnels, l'intervalle moyen fut négatif et il n'y eut que 6 projectiles qui éclatèrent en avant du but. Comme la hauteur d'éclatement était la hauteur normale, il fut complétement impossible d'observer la position des points d'éclatement par rapport au but. On tira bien, comme moyen de contrôle, deux coups avec la hauteur surbaissée, mais il arriva, par hasard, que ces coups furent, tous les deux courts et eurent par suite des intervalles positifs que l'on observa exactement : on en conclut à tort que le tir des autres shrapnels avait lieu avec un intervalle à peu près normal.

Si tous les coups avaient été tirés, comme les deux coups de contrôle, avec la hauteur surbaissée, on eût pu s'apercevoir de suite que les intervalles étaient négatifs et faire les corrections nécessaires pour revenir à des intervalles convenables.

Le moyen le plus simple d'obtenir la hauteur surbaissée du point d'éclatement consiste à conserver la durée de la fusée qui donne lieu à l'intervalle normal pour la distance du but, et à faire varier l'angle de tir des quantités suivantes : 1/16° aux petites distances, 2/16° aux distances moyennes (800 à 1500^m) et de 3/16° aux grandes distances (jusqu'à 2000^m), ou simplement à diminuer la hausse d'environ 50ᵐ à toutes les distances. De cette façon la trajectoire du projectile vient rencontrer le sol, environ 30ᵐ en avant du but, et les éclats de la partie supérieure du cône peuvent produire leurs effets.

III

CHOIX DES BUTS CONTRE LESQUELS ON DEVRA DE PRÉFÉRENCE EMPLOYER LES SHRAPNELS

La durée totale de notre fusée ne dépasse pas 2000^m ; on ne pourra donc provisoirement employer le tir des shrapnels aux distances plus grandes que 2000^m.

C'est surtout contre des buts d'une petite étendue que le tir des shrapnels est supérieur au tir des obus ordinaires.

Par suite, c'est surtout contre l'artillerie qu'on devra s'en servir.

A. TIR CONTRE L'ARTILLERIE

Si c'est un grand avantage de réduire au silence une pièce ennemie en la démontant, en revanche ce résultat est souvent difficile à obtenir même avec nos obus ordinaires munis de leurs fusées percutantes qui fonctionnent cependant avec tant de précision ; aussi est-il, la plupart du temps, bien plus facile d'arriver au même but par la mise hors de combat des hommes et des chevaux. En campagne, il semble en général préférable de mettre hors de combat le personnel et les chevaux de l'ennemi au lieu d'essayer de détruire son matériel.

Un shrapnel ne peut pas démonter une pièce ; par contre,

quelques bons coups et même quelquefois un seul coup bien
dirigé, suffisent pour mettre hors de combat hommes et chevaux, en tous cas pour réduire instantanément au silence
une pièce ennemie. La supériorité du shrapnel sur l'obus
ordinaire dans le tir contre l'artillerie est immense.

Erreur de pointage en direction. — Un obus ordinaire
qui éclate entre deux pièces ne produit que peu ou point
d'effet, les intervalles entre chaque pièce étant très-grands,
comparés à l'espace qu'occupe une pièce. Une petite erreur
de pointage à droite ou à gauche, jointe aux écarts latéraux
qui se produisent naturellement, diminue de beaucoup l'efficacité du tir des obus, et l'on sait combien il est difficile,
dans un combat, de pointer bien exactement sur une pièce
ennemie. Dans le tir des shrapnels ces inconvénients dispa-
raissent à peu près complétement ; même par des écarts
latéraux assez considérables du point d'éclatement, le tir
n'en est pas moins bon, souvent même il est meilleur.

Erreur de pointage en hauteur. — Les erreurs de pointage en hauteur ont aussi bien moins d'influence sur le tir
des shrapnels que sur celui des obus ordinaires. Une erreur
de pointage en hauteur donne lieu, dans le tir des obus
ordinaires, à un coup trop long ou trop court ; cette même
erreur, dans le tir des shrapnels, a simplement pour résultat
de faire éclater le projectile plus haut ou plus bas et, par
suite, non pas d'annuler complétement ses effets, mais seulement de les diminuer plus ou moins. L'efficacité du tir des
shrapnels contre l'artillerie dépend surtout de l'intervalle,
et par conséquent du réglage de la fusée.

Voyons ici comment on doit exécuter le feu contre
l'artillerie. Pour un intervalle de 60.^{m}, la dispersion des

éclats et des balles, en arrivant au but, est d'environ
20^m; par suite un shrapnel qui éclaterait au milieu de l'intervalle qui sépare deux pièces les atteindrait toutes deux,
tandis qu'un coup dirigé exactement sur une pièce n'atteindrait en général que celle-là.

Pointage sur une seule pièce. — Pratiquement il semble
naturel, pour produire le plus grand effet possible sur une
pièce déterminée, de pointer exactement sur cette pièce ;
de plus, il est plus facile d'observer un coup dirigé sur une
pièce qu'un coup tiré dans un intervalle. Toutefois, pour ne
pas annihiler complétement les effets que peuvent produire
les éclats dispersés latéralement, il est bon de ne pas pointer d'abord sur les pièces des ailes de la batterie ennemie.
Le but qu'offre une pièce, son personnel et ses chevaux
ayant une très-faible étendue, il est nécessaire que les éclats
se dispersent très-peu, et, par suite, les conditions dans lesquelles on se trouvera seront d'autant plus favorables que
les intervalles seront plus petits.

C'est surtout contre l'artillerie qu'il conviendra de diminuer le plus possible les intervalles, et même d'arriver quelquefois à des intervalles négatifs ; car un shrapnel, éclatant
derrière la pièce, peut encore exercer de grands ravages
sur l'avant-train.

B. TIR CONTRE L'INFANTERIE

Le tir des shrapnels contre des colonnes d'infanterie im-
mobiles donne également de bien meilleurs résultats que
celui des obus ordinaires, et ses effets peuvent, dans certains
cas, être terribles. Si les colonnnes marchent en avant, en
retraite, ou par le flanc, le shrapnel est encore préférable à

l'obus ordinaire. Il faut seulement veiller à ce que les intervalles restent positifs et plutôt trop grands que trop petits.

Contre l'infanterie, déployée en tirailleurs, ou occupant soit la lisière d'un bois, soit les abords d'un village, contre des tirailleurs abrités, les obus ordinaires ont généralement peu d'action; en pareille circonstance, le shrapnel peut donner de bons résultats et, dans tous les cas, il a la supériorité sur l'obus ordinaire.

C. TIR CONTRE LA CAVALERIE

En général, le shrapnel doit avoir la préférence dans le tir contre la cavalerie. Si toutefois la cavalerie se meut à une allure très-vive, il vaut peut-être mieux employer l'obus ordinaire, à cause de la rapidité de son tir; mais vienne l'instant où le feu n'a plus besoin d'être aussi nourri, alors le shrapnel reprend sa place; dans ce cas, on règle la fusée d'après l'estimation à vue de la distance, mais de manière que les intervalles soient plutôt faibles que grands.

D. TIR POUR REPOUSSER UNE ATTAQUE

Pour le tir à une très-petite distance, par exemple lorsque la batterie est chargée par des cavaliers, le shrapnel est encore préférable à la boîte à mitraille, si l'on a eu soin de régler, une fois pour toutes, tous les shrapnels des coffres d'avant-trains pour une distance déterminée, par exemple 200^m; l'opération du chargement des pièces se fait alors aussi rapidement qu'avec des boîtes à mitraille.

E. TIR CONTRE DES TROUPES ABRITÉES

Contre des troupes abritées derrière de légers épaulements ou dans des maisons, ou derrière des retranchements, le tir des shrapnels peut aussi, comme dans la guerre de siége, être employé avec succès; dans ce cas on s'efforce de faire agir surtout la partie inférieure du cône de dispersion.

CONCLUSION

Puisque la sphère d'action du shrapnel, au point où il éclate, a des proportions beaucoup plus considérables que celle de l'obus ordinaire à son point de chute, ce projectile devra être employé contre toute espèce de troupes; il aura, en particulier, une grande supériorité sur l'obus ordinaire, lorsque le but sera mobile ou de peu d'étendue.

Le tir des shrapnels est surtout propre à la défense de points où doivent passer des troupes ennemies, tels que défilés, ponts, chaussées et chemins.

Par contre, dans tous les cas où le but à battre sera distant de plus de 2000^m, où l'on voudra renverser des obstacles, allumer des incendies, on ne pourra plus employer le shrapnel. Des troupes retranchées dans un village, dans une ferme, abritées derrière un mur, ne peuvent être délogées que par des obus ordinaires.

IV

MÉTHODE LA PLUS SIMPLE ET LA PLUS RATIONNELLE POUR LE TIR DES SHRAPNELS

Dans toute espèce de tir, un petit nombre de coups, pointés avec soin, donnent de bien meilleurs résultats qu'un grand nombre tirés avec précipitation et presque au hasard ; c'est surtout dans le tir des shrapnels qu'il importe de ne pas perdre de vue ce principe. On doit toutefois s'attacher à ce qu'il n'y ait aucune interruption dans l'exécution du feu ; de cette façon les servants pourront remplir leurs fonctions avec calme, sans être troublés par ces temps d'arrêt. Avec la méthode de tir des shrapnels actuellement en usage, il est de règle d'interrompre le feu pendant un temps assez long après la première salve ; il est, en effet, de toute nécessité, si on ne veut pas être exposé à tirer dans le vide, de contrôler l'intervalle, la hauteur d'éclatement et la durée de la fusée, au moyen des observations que l'on a pu relever, et d'exécuter ensuite les corrections nécessaires. La principale difficulté consiste à obtenir, dès les premiers coups, un intervalle positif bien constaté, de façon qu'il n'y ait, par la suite, ni interruption ni hésitation dans l'exécution des feux.

Un inconvénient sérieux dans l'emploi des shrapnels en

campagne, c'est qu'une fois la charge exécutée il faut tirer le shrapnel avec la durée qu'on a donnée à la fusée : il n'est guère possible en effet de songer à décharger la pièce dans un pareil moment. Quant à la difficulté de constater le plus rapidement possible un intervalle positif, elle se trouve levée par l'emploi du tir surbaissé.

1. TIR CONTRE UN BUT FIXE

Le commandant de la batterie doit d'abord exécuter son tir d'essai avec calme et précision et, pour cela, employer plutôt quelques obus ordinaires de plus que quelques-uns de moins. Ayant ainsi évalué la distance à 1400^m, par exemple, il fixe la durée de la fusée, et commande : « Char- « gez avec des shrapnels, à 1400^m ». Comme on ne trouve pas, soit dans les tables de tir, soit sur la hausse elle-même, des données relatives au tir surbaissé, ce qui, pourtant, serait d'une grande commodité, le chef de la batterie commande encore : « Tir surbaissé. » A ce dernier commandement, le pointeur diminue la hausse de 50^m. En général, après le premier, le deuxième et le troisième coup, on aura constaté si l'intervalle est positif ou négatif, puisque la fumée apparaît à peu près à la même hauteur que le but. Si l'intervalle est négatif, le commandant de la batterie doit faire diminuer la hausse et la durée de 50^m ; si l'intervalle a été alternativement positif ou négatif, il ne doit faire dimi- nuer que de 25^m ; pour cela il commande : « A 1350^m, tir « surbaissé. » En tous cas, il n'y a pas d'interruption dans l'exécution du feu, car les pièces qui sont déjà chargées tirent et sont ensuite pointées à la nouvelle distance. Si la hauteur du point d'éclatement ne permet pas facilement l'observation, le commandant de la batterie peut amener ce point à une hauteur convenable, et pour cela il fait, par un commandement approprié, diminuer ou augmenter la portée de 50^m ou de 25^m, à l'aide de la vis de pointage ; de 25^m lorsque la correction de la hauteur du point d'éclatement est faible, de 50^m lorsqu'elle est plus considérable.

Par ce procédé on arrivera rapidement à obtenir un intervalle positif.

Si dès le principe on a observé un intervalle positif, il n'y a aucune correction à faire ; mais si le commandant de la batterie craint que cet intervalle ne soit trop grand, il peut faire augmenter de 50^m la hausse et la durée de la fusée. Si l'intervalle devient alors négatif, il sera certain qu'en revenant à la distance primitive, il aura un intervalle à peu près normal. Le mieux serait évidemment d'observer tout d'abord un intervalle négatif, et d'obtenir ensuite un intervalle positif en diminuant convenablement la hausse et la durée.

Ce dernier procédé est peut-être le meilleur lorsqu'on tire contre un but fixe.

Lorsque le tir est ainsi réglé, le commandant de la batterie peut, s'il le juge nécessaire, faire amener le point d'éclatement à la hauteur normale par le commandement : « Relevez le point d'éclatement ».

En admettant qu'on ne commette pas d'erreur plus grande que 50^m dans l'appréciation des distances, une seule correction suffira presque toujours.

Lorsque les troupes sur lesquelles on tire sont abritées, le meilleur procédé consiste à tirer d'abord sur l'abri de façon qu'une partie du projectile éclate un peu avant et l'autre à l'intérieur de cet abri. On obtient ainsi une durée de fusée qui donne sûrement de petits intervalles, ce qui dans ce cas est indispensable. On élève alors la trajectoire, sans changer

la durée, jusqu'au moment où l'on observe **le point d'écla-**
tement à 1ᵐ ou 2ᵐ au-dessus de l'abri.

2. TIR CONTRE UN BUT MOBILE

a. Si l'ennemi s'approche lentement, on détermine rapidement la distance à l'aide de quelques obus ordinaires ; une
salve suffit en tout cas pour permettre de passer au tir des
shrapnels. On diminue de 200ᵐ la distance trouvée à l'aide
des obus ordinaires et l'on emploie toujours le tir surbaissé.
On fait feu ainsi jusqu'au moment où l'on observe un intervalle négatif et alors on diminue de nouveau la hausse et la
durée de 200ᵐ.

b. Si l'ennemi s'avance rapidement, on apprécie la distance à simple vue et on la diminue de 400ᵐ à 500ᵐ ; en tous
cas on exécute le tir surbaissé.

Comparons maintenant le procédé de tir des shrapnels
actuellement en usage avec celui que nous venons de
développer.

La méthode actuelle consiste dans la série des opérations
suivantes :

Tir d'essai à obus ordinaires pour régler la distance.

Conserver la hausse ainsi trouvée pour le tir des shrapnels. — Détermination de la hauteur d'éclatement ; à cet
effet, faire varier la position du point d'éclatement en modifiant après chaque coup, par tâtonnements, la durée de la
fusée. — Observation des emplacements du sol où tombent
les éclats, en vue de déterminer l'intervalle ; tirer quelques
coups, comme moyen de contrôle, en augmentant la durée
de la fusée pour s'assurer que l'intervalle n'est pas trop
grand. — Corrections éventuelles destinées à régulariser

l'intervalle par des augmentations et des diminutions progressives des hausses et des durées de la fusée.

Ce procédé est basé sur deux hypothèses : la première, c'est qu'on a pu déterminer exactement par le tir d'essai la trajectoire de l'obus ordinaire correspondant à la distance du but, ensuite que la trajectoire du shrapnel est identique avec celle de l'obus ordinaire. Si ces deux conditions étaient remplies, la détermination de la hauteur normale d'éclatement conduirait nécessairement à l'intervalle normal et la connaissance de la hauteur d'éclatement entraînerait celle de l'intervalle. Malheureusement, ce cas se présente très-rarement, ainsi que le prouve l'expérience, car on n'a pu déterminer la trajectoire de l'obus ordinaire qu'à l'aide de quelques coups ; il arrive alors que la trajectoire du shrapnel n'étant pas celle qui correspond à la distance du but, les modifications que l'on apporte dans la durée de la fusée, pour déterminer la hauteur d'éclatement, exercent la plus fâcheuse influence sur l'efficacité du tir ; et lors même qu'on parvient à obtenir une hauteur d'éclatement convenable, on ne peut absolument rien conclure sur l'intervalle. Il est tout naturel de voir, dans l'incertitude de ce procédé la cause pour laquelle le tir des shrapnels donne si fréquemment des résultats tout à fait illusoires.

Voici maintenant en quoi consiste la méthode que nous proposons :

Tir d'essai à obus ordinaires. — Tir à shrapnels avec la hausse ainsi déterminée. — Fixation de la durée de la fusée, durée qui dès lors ne doit plus changer jusqu'à nouvel ordre. — Détermination de la hauteur du point d'éclatement en faisant varier la hausse ou en manœuvrant la vis de pointage jusqu'à ce que cet éclatement paraisse avoir lieu au niveau du sommet du but (2^m à 3^m au plus dans tous les cas). — Observation de la position par rapport au but du nuage de fumée. — Si l'on s'aperçoit que l'éclatement a lieu au-delà du but, c'est-à-dire que l'intervalle est négatif, diminuer sans hésiter la hausse et la durée (de 50^m) jusqu'à ce que l'intervalle redevienne positif; faire l'inverse dans le cas d'intervalles positifs défavorables jusqu'à ce que l'intervalle devienne négatif, revenir ensuite à un intervalle positif convenable. — Elévation éventuelle du tir surbaissé pour amener le point d'éclatement à la hauteur normale.

Dans le procédé réglementaire on détermine la position exacte du point d'éclatement en modifiant la durée de la fusée, tandis que dans la méthode proposée, on arrive au même résultat en faisant varier la hausse et en manœuvrant la vis de pointage.

Dans la première méthode, en faisant varier à chaque coup la durée de la fusée, on modifie en même temps l'intervalle et la hauteur du point d'éclatement, on opère donc avec deux variables; les observations deviennent alors plus difficiles et exigent une grande attention et beaucoup d'habileté.

Au contraire, dans le deuxième procédé, en faisant varier la hausse seule, on ne modifie que la hauteur d'éclatement, on n'a donc affaire qu'à une seule variable; les observations sont bien simplifiées et peuvent être faites par un sous-officier quelconque.

La correction par la durée demande beaucoup de temps, parce que les pièces ne doivent être chargées que successivement. La correction par la hausse marche bien plus rapidement, car toutes les pièces peuvent être chargées en même temps.

Les deux méthodes diffèrent encore par les points suivants :

Le procédé réglementaire exige que le projectile éclate à la hauteur normale (6 à 7^m à 1500^m, 9 à 10^m à 2000^m); l'observation des points de chute des éclats est alors excessivement difficile, souvent même impossible. Au contraire, dans la méthode proposée, les hauteurs d'éclatement ne dépassent jamais à toutes les distances le sommet du but (2 à 3^m), et par suite on peut facilement juger de la position, par rapport à ce but, de la fumée au point d'éclatement, mode d'observation que nous employons si fréquemment pour les obus ordinaires. Avec le procédé réglementaire, le tir de *contrôle*, qui presque toujours est nécessaire, n'apporte ni simplification ni clarté dans les opérations, car à chaque coup le rapport entre la hausse et la durée de la fusée se trouve modifié, et l'on n'aboutit en général qu'à une incertitude complète sur la valeur de ce rapport.

L'emploi de la nouvelle hausse qui marque les distances en mètres, facilite beaucoup l'application de notre méthode, Des difficultés de construction n'ont pas permis de donner au shrapnel exactement le même poids qu'à l'obus ordinaire et par conséquent de rendre possible l'emploi d'une hausse unique pour ces deux espèces de projectiles. Les shrapnels sont, comme on sait, plus lourds que les obus ordinaires de même calibre et exigent un peu plus de hausse (en moyenne 50^m en plus). Or, dans un cas seulement, celui où l'on tire contre un but de peu d'étendue (artillerie), l'intervalle ne devant être que de 20 à 30^m, il faut, tout en employant le tir surbaissé, pointer à la distance exacte; mais dans toutes les autres circonstances, pour exécuter le tir surbaissé avec l'intervalle de 60^m, il est nécessaire, comme nous l'avons vu, de diminuer la distance exacte du but de 30^m environ. C'est pour cette raison que la hausse la plus précise dont on puisse se servir dans l'exécution du tir surbaissé à toutes les distances, est la hausse pour obus ordinaires, car elle donne aux shrapnels une portée trop faible de 30^m à 50^m, et c'est justement cette diminution de portée que l'on cherche à obtenir. La hausse pour shrapnels, dont l'usage est d'ailleurs très-incommode, est donc avec notre méthode tout à fait inutile et même préjudiciable à la rapidité du tir.

Pour le tir contre un but mobile, le procédé réglementaire présente des difficultés qu'on n'est pas encore complétement parvenu à surmonter; la méthode que nous proposons n'en offre aucune.

Il résulte de la comparaison que nous venons de faire entre les deux méthodes que le tir surbaissé des shrapnels semble mériter la préférence sur le mode de tir actuellement en usage, parce qu'il donne le moyen de lever bien des difficultés qui jusqu'ici avaient entravé le tir des shrapnels.

Nous espérons, du reste, que des expériences plus nombreuses que celles que nous avons citées viendront élucider cette question.

Il y aurait un avantage précieux, au point de vue de la simplicité du tir, à exécuter directement avec les shrapnels le tir d'essai, sans être obligé d'employer des obus ordinaires. Dans les expériences de Magdebourg, on a cherché, à l'aide du tir surbaissé, une solution à ce problème, et l'on est arrivé à cette conclusion que le tir direct était non-seulement possible, mais encore qu'il conduisait plus rapidement et plus sûrement au résultat. La batterie qui fit ces essais régla son tir avec une précision telle qu'elle obtint un résultat auquel aucune autre batterie ne put atteindre (25 files atteintes et 76 empreintes en moyenne par coup).

Pour l'exécution de ce tir direct, nous proposons la méthode suivante :

MÉTHODE PROPOSÉE POUR LE TIR DIRECT

Le tir d'essai, exécuté directement avec les shrapnels, est, grâce à la supériorité de notre fusée, non-seulement possible, mais même conduit plus rapidement et plus sûrement au résultat qu'un tir d'essai avec quelques obus ordinaires, servant de point de départ au tir des shrapnels.

Le tir d'essai avec les shrapnels seuls n'offrira pas la moindre difficulté si l'on veut employer le tir surbaissé, qui présente, comme on sait, de grands avantages. Il permet de s'assurer, avec autant de certitude que dans le tir des obus ordinaires, par l'observation de la fumée, si le projectile éclate en deçà ou au-delà du but; il possède une grande efficacité à cause des trajectoires rasantes des éclats et des balles de la partie supérieure du cône dense; enfin on exécute ce genre de tir en réduisant de 50^m environ la distance trouvée (ce qui s'obtient très-simplement à l'aide de la hausse, pour obus ordinaires, que l'on règle pour la distance exacte du but).

Voici, d'ailleurs, la méthode que nous proposons de suivre dans l'exécution de ce tir direct :

Une fois la distance estimée, *grosso modo*, on commande le tir à une distance plus faible de 200^m; la première pièce règle la hausse et la durée pour cette distance; la pièce suivante, pour 100^m en plus, et ainsi de suite pour toutes les pièces. Toutes les pièces sont chargées et pointées en même temps, avec la hausse pour obus ordinaires, et elles peuvent faire feu rapidement les unes après les autres, aussitôt qu'on a observé le coup de la pièce précédente; il n'y a pas de corrections à faire. Les coups des premières pièces donnent lieu, en général, à des intervalles positifs; ceux des dernières, à des intervalles négatifs. Toutes les pièces prennent alors la hausse et la durée de celle qui a obtenu le plus petit intervalle positif. Le tir continue ainsi, et quand, par la suite, pour une raison quelconque, une série consécutive d'intervalles négatifs vient à se produire, on diminue la hausse et la durée, soit de 50^m, soit de 25^m. Si, au contraire, on observe une série d'intervalles positifs que l'on juge trop grands, on augmente la hausse et la durée de 50^m ; si alors l'intervalle reste positif, on conserve la nouvelle distance ; s'il devient négatif, on la diminue de 25^m ou de 50^m. Une seule salve suffit, en général, pour le tir d'essai, si l'on a apprécié la distance à peu près exactement. Si, cependant, on s'est trompé dans cette estimation, ou si l'on n'a pu observer un coup important, on tire une deuxième salve, en prenant pour point de départ la distance de la pièce qui a obtenu le plus petit intervalle positif.

La grande rapidité avec laquelle ce procédé permet de régler le tir compense l'inconvénient résultant de ce qu'on est obligé de tirer plusieurs coups, ou tout au moins le dernier, avec des intervalles négatifs ; on peut d'ailleurs faire le même reproche au tir des obus ordinaires ; car, sans quelques coups trop longs, il est impossible de rien conclure sur la distance exacte du but. Il sera peut-être bon de tirer quelques shrapnels comme projectiles pleins avec une durée sciemment trop longue, en augmentant, par exemple, de 50^m la distance extrême ; la position du point de chute, par rapport au but, sera un point de départ précieux.

Voici les motifs pour lesquels on devra donner la préférence au tir direct :

1. Un changement de projectile entraîne nécessairement une perte de temps ; c'est d'ailleurs un moment critique pour une batterie.

2. On n'a nullement à s'inquiéter de la concordance des tables de tir des obus ordinaires et des shrapnels; il suffit d'obtenir un rapport exact entre la hausse et la durée, rapport qui se trouve, d'ailleurs, dans nos tables de tir actuelles; si toutefois il ne s'y trouvait pas, il serait très-facile, comme on sait, d'y arriver au moyen de quelques coups.

3. Un tir d'essai exécuté seulement avec un nombre très-restreint d'obus ordinaires donne rarement une distance suffisamment exacte, et par suite le point de départ, pour le tir des shrapnels, est faux.

4. On épargne ses obus ordinaires.

5. Dans le tir des obus, un coup trop court ne peut donner que des résultats fort médiocres. Au contraire, dans le tir des shrapnels, un coup trop court, même de 200 à 300^m, produit encore, comme le prouve l'expérience, des effets très-satisfaisants.

En employant le tir direct, une batterie parvient à régler son tir à l'aide de cinq coups. Une autre batterie qui tirait en même temps que six autres et qui, par conséquent, se trouvait dans des conditions très-défavorables, obtint le même résultat au bout de trois coups.

L'avenir nous apprendra si c'est seulement par l'effet du hasard que ces dernières expériences ont été couronnées de succès, ou si le tir direct est réellement pratique, comme tout semble le dénoter; dans ce cas, alors, le tir des shrapnels ne présenterait plus les moindres difficultés d'exécution.

Il serait peut-être bon, pour obtenir dans le tir d'essai une hauteur d'éclatement suffisamment surbaissée de diminuer la hausse de 75^m, sauf à relever ensuite le point d'éclatement.

Il pourrait se faire que par une cause quelconque le rapport exact entre la hausse et la durée n'existât plus; il faudrait alors avoir recours au procédé dont nous avons déjà parlé et qui consiste à ramener le point d'éclatement à une position convenable en manœuvrant la vis de pointage dans un sens ou dans l'autre, et à déduire de la nouvelle hausse la correction constante qu'il faut faire subir à la durée de la fusée, en admettant toutefois que toutes les fusées de la batterie aient subi des modifications analogues. Puisque cette correction peut être obtenue si rapidement, nous n'avons nullement besoin de nous inquiéter outre mesure de la régularité de notre fusée.

Le tir d'essai exécuté avec les shrapnels doit, suivant toute probabilité, donner lieu à des intervalles beaucoup plus exacts que le tir d'essai avec obus ordinaires. Nous avons vu, en effet, que l'écart moyen en intervalle du point d'éclatement est plus petit que l'écart moyen en portée, et que, par suite, il y a moins d'incertitude dans le premier cas que dans le second.

Malheureusement la fumée produite par l'explosion du shrapnel est beaucoup moins développée que celle que donne l'obus ordinaire; par conséquent, il est plus difficile d'observer le premier point d'apparition de cette fumée. Ce grave inconvénient ne peut être compensé par le faible avantage résultant de ce que le nuage de fumée du shrapnel se distingue mieux du feu de l'ennemi que celui de l'obus ordinaire.

On réaliserait certainement un grand progrès, si l'on parvenait à rendre plus intense la fumée produite par l'éclatement des shrapnels.

CONCLUSIONS

1. En raison de la grande supériorité du tir des shrapnels quand il s'agit de mettre hors de combat les hommes et les chevaux, et en raison du peu d'effet que produisent au-delà de 2000^m les obus ordinaires à cause de la grandeur de leur angle de chute et des difficultés d'observation, il serait bon d'encourager la tendance actuelle de l'artillerie à combattre l'ennemi à des distances plus rapprochées et en même temps d'approvisionner en grande partie les batteries avec des shrapnels. Nous pensons que 2/3 de shrapnels et 1/3 d'obus ordinaires constitueraient une proportion convenable.

2. Aux grandes distances (au-delà de 2000^m) où les obus ordinaires donnent des résultats fort médiocres, les shrapnels conservent encore une grande efficacité, tant à cause des trajectoires rasantes des éclats de la partie supérieure du cône dense, que parce que les écarts en intervalle aux grandes distances restent dans des limites raisonnables. Il y a donc lieu de croire que, quand on aura prolongé la durée de notre fusée jusqu'à 3000^m, on pourra se servir, jusqu'à cette distance, des shrapnels plutôt que des obus ordinaires, à la condition d'employer le tir surbaissé qui seul permet d'observer les points d'éclatement à ces grandes distances.

3. Si l'artillerie de campagne parvient à se familiariser avec le tir des shrapnels, en s'efforçant de baser les observations sur la position de la fumée au point d'éclatement, ce genre de tir finira par égaler le tir des obus ordinaires au point de vue de la simplicité et de la rapidité d'exécution, et il en résultera pour notre arme un énorme accroissement de puissance.

TABLE DES MATIÈRES

PUBLICATIONS DE LA RÉUNION DES OFFICIERS

EN VENTE

A LA LIBRAIRIE MILITAIRE DE CH. TANERA

6, rue de Savoie, à Paris

MÉLANGES MILITAIRES

Première Série

I. — L'Armée anglaise en 1871, au point de vue de l'offensive et de la défensive. — Brochure in-12. . . . . 25 c.

II. — Organisation de l'Armée suédoise. — Projet de réforme. — Brochure in-12. 25 c.

III-IV. — Mode d'attaque de l'Infanterie prussienne dans la campagne de 1870-1871, par le duc Guillaume de Wurtemberg, traduit de l'allemand par M. Conchard - Vermeil, lieutenant au 13° régiment provisoire d'infanterie. — Brochure in-12. . 50 c.

V. — De la Dynamite et de ses applications pendant le siége de Paris. — Brochure in-12. . . . . 25 c.

VI. — Quelques idées sur le Recrutement, par G. B. — Brochure in-12 . . . . 25 c.

VII. — Étude sur les Reconnaissances, par le commandant Pierron. — Brochure in-12. . . . . 25 c.

VIII-IX-X. — Étude théorique sur l'Organisation d'un corps d'éclaireurs a cheval, par H. de la F. — Brochure in-12. . . . 75 c.

XI-XII-XIII. — Étude sur la Défense de l'Allemagne occidentale, et en particulier de l'Alsace-Lorraine, traduit de l'allemand. — Brochure in-12. 75 c.

XIV. — L'Armée danoise. — Organisation. — Recrutement. — Instruction. — Effectif. — Brochure in-12. . . . . 25 c.

XV-XVI-XVII. — Les Places fortes du N.-E. de la France, et Essai de défense de la nouvelle frontière. — Brochure in-12 . 75 c.

XVIII-XIX. — Considérations théoriques et expérimentales au sujet de la détermination du calibre dans les armes portatives, par J. L., capitaine d'artillerie. — Brochure in-12 . . . . . . 50 c.

Évreux, A. Hérissey, imp. — 673

9 782013 632782